改訂新版

学生のための
ピアノ簡易伴奏の要点

幼稚園・保育園等、現場でも使える

柳田憲一 著

サーベル社

はじめに

　幼稚園や保育所など，いわゆる現場では絶えず音楽で溢れています。メディアなどから発信されるアニメや流行歌など，幼稚園教諭や保育士の方々は，リアルタイムで曲を子ども達に提供していかなければなりません。また，これから幼稚園教諭や保育士を目指す人達は，多くの幼児歌曲や童謡を弾き，現場で役立てなければなりません。

　そのような中で，「弾きたい曲があるんだけど難しくて弾けない」「明日までに何とかしなければならない」など今の自分のピアノ演奏技術では弾けないという声を多く耳にします。歌わせるのであれば，演奏しはじめたら最後まで弾き直さず，止まらず弾かなければなりません。近年では，そのような人達のために，あらかじめ易しく編曲された楽譜が出版されるようになってきました。

　そこで，自分で易しくアレンジし自分のレベルに合った楽譜を作ってしまおう，あるいは演奏してしまおうという主旨でこのテキストにまとめてみました。あくまでも要点として「これだけは覚えておきたい」というものであり，実際はさらなる応用が必要となります。

　本書が教育現場や音楽を愛するみなさんのお役に立つのであれば，著者としてこれ以上の喜びはありません。

2011年　1月　　著　者

目　次

第1章　　基礎知識 ……………………………………………… 7

1. 伴奏スタイル …………………………………………………… 7
2. 和音のしくみ …………………………………………………… 8
   - （1）和音 ………………………………………………………… 8
   - （2）3和音 ……………………………………………………… 8
   - （3）7の和音（4和音）………………………………………… 8
   - （4）基本形と転回形 …………………………………………… 9
3. コードネーム …………………………………………………… 10
   - （1）英語の音名 ………………………………………………… 10
   - （2）コードネームのしくみ …………………………………… 11
4. 音度記号 ………………………………………………………… 14
   - （1）音階と音度 ………………………………………………… 14
   - （2）音度記号 …………………………………………………… 15
   - （3）音度記号の表記 …………………………………………… 16

第2章　　簡易伴奏 ……………………………………………… 17

1. 和音進行 ………………………………………………………… 17
   - （1）I―V―Iの和音進行 ……………………………………… 18
   - （2）I―V₇―Iの和音進行 …………………………………… 21
   - （3）I―IV―Iの和音進行 …………………………………… 24
   - （4）I―IV―V―Iの和音進行 ……………………………… 27
   - （5）I―IV―V₇―Iの和音進行 …………………………… 29
2. 簡易伴奏に挑戦① ……………………………………………… 31
3. 簡易伴奏に挑戦② ……………………………………………… 34

第3章　伴奏アラカルト ……… 37

1．前奏をつくろう ……… 38
- （1）原曲の前奏のメロディーラインをいかして伴奏を易しくする …… 38
- （2）曲の終わりのメロディーを活用する ……… 39
- （3）前奏の長さはどのくらい？ ……… 42
- （4）アウフタクトで始まる曲の前奏 ……… 43

2．曲をしめくくろう ……… 44

3．フレーズをつなごう ……… 49
- （1）2番へとつなげよう ……… 49
- （2）フレーズ間をつなごう ……… 52
- （3）つなぎのポイント ……… 55

4．終止形 ……… 57
- （1）終止形ってなあに？ ……… 57
- （2）さまざまな終止形 ……… 59

第4章　さまざまな伴奏形 ……… 63

1．伴奏の目的 ……… 63

2．2成系拍子と3成系拍子の音型 ……… 64
- （1）2成系拍子の音型 ……… 64
- （2）3成系拍子の音型 ……… 64

3．拍子別伴奏形 ……… 65
- （1）2/4拍子の伴奏形 ……… 65
- （2）3/4拍子の伴奏形 ……… 66
- （3）4/4拍子の伴奏形 ……… 67
- （4）6/8拍子の伴奏形 ……… 68
- （5）さまざまな3成系拍子の伴奏形 ……… 69
- （6）混合拍子の伴奏形 ……… 70

第1章　基礎知識

1. 伴奏スタイル

伴奏の形は，演奏する目的によってさまざまなスタイルがあります。ここでは，和声的な響きを補完する意味での伴奏を多く取り上げていきます。つまり，和音中心でそれほど演奏技術を要しなくても，その曲らしさを保つことのできる伴奏スタイルのことです。幼児歌曲や童謡などで現場で活用されている伴奏スタイルをいくつか紹介します。

●いぬのおまわりさん（佐藤　義美　作詞／大中　恩　作曲）

①両手伴奏

歌のパートとピアノのパートが別になっています。

②片手伴奏

右手で歌のパートを弾き，左手で和声的な補完をします。

③両手伴奏

右手で歌のパートと和音の一部を弾き，左手はベースラインを中心に弾きます。

楽譜どおりに演奏するとゆっくりになってしまったり，自分の演奏レベルでは弾けないというような場合には，最低限必要な音を抜きだして演奏することがあります。これは，止まってしまったり間違えながら演奏するより，易しく弾いてもその曲の雰囲気を維持するというとても重要なことです。そのような主旨でおこなう伴奏を簡易伴奏とよんでいます。伴奏スタイルとしては，右手でメロディーを左手で和音を中心に弾きます。簡易伴奏といっても，さまざまなスタイルがあり，和音主体であったり，ベースライン主体であったり，それらを組合せたものなど幅広くあります。最終的には，自分にあった伴奏を考える必要があります。

2. 和音のしくみ

(1)和音

高さの異なる（同じ音名の音は除く）2つ以上の音が同時に響いたものを**和音**といいます。

(2)3和音

ある音とその3度上，5度上の音からなる和音を**3和音**といいます。形としては3度音程の積み重ねになっています。この形が3和音の基本の形で，一番下の土台となる音を**根音**，根音の3度上の音を**第3音**，5度上の音を**第5音**を呼びます。

(3)7の和音（4和音）

3和音の第5音に，さらに3度上（根音の7度上）の音を積み重ねてできた和音を**4和音**といい，根音上に7度音程が作られることから，この4和音を**7の和音**と呼びます。

(4) 基本形と転回形

3和音や7の和音は，和音を構成している音のうちどの音を一番下（最低音）に置くかにより，和音の形や表記のしかたが変わります。

> 和音を構成している音のうち
>
> ● 一番下に根音を置くと**基本形**
> ● 一番下に根音以外の音を置くと**転回形**
>
> となります。

基本形は1つの形しかありませんが，転回形は一番下に置かれる音によってさまざまな形があり，それぞれ名称が異なります。

● 一番下の置かれる音とその名称

根音を置くと**基本形**
転回形
　第3音を置くと**第1転回形**
　第5音を置くと**第2転回形**
　第7音を置くと**第3転回形**（3和音にはありません）

3. コードネーム

和音を構成している音を英語表記の記号で表したものです。コードネームは，一般的にメロディーしか書かれていない楽譜には五線の上に，伴奏がついている楽譜には大譜表の上（中に書いてあることもあります）に書きます。この記号を覚えておくと，伴奏部分がなくても記号を見ることにより和音を弾くことができます。

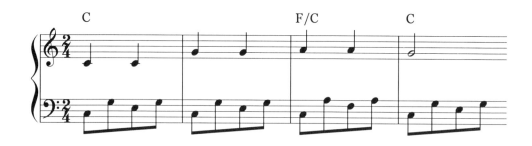

(1) 英語の音名

コードネームは，すべて英語で表記しますので，英語の音名を覚える必要があります。

● 幹音（♯，♭などの変化記号のつかない音）

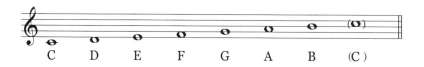

● 派生音（変化記号のついた音）→幹音の右上に変化記号を書きます。

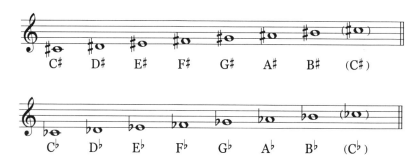

(2)コードネームのしくみ

1)表記のしかた

コードネームは記された記号や記される位置によって，土台となる音（根音）や，そこから積み重なる音（第3音や第5音など）の距離（音程）を表します。とくに，原型である基本形の表記を覚えておくことが大切です。

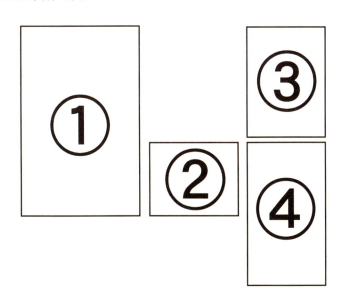

①根音の音名

$$C \sim B, \quad C^\sharp \sim B^\sharp, \quad C^\flat \sim B^\flat$$

②根音〜第3音の距離

- 長3度(M3) ➡ 何も書かない
- 短3度(m3) ➡ m（マイナー）

※mが書いてない場合は，長3度(M3)ということです。

③根音〜第5音の距離

- 完全5度(P5) ➡ 何も書かない
- 減5度(dim5) ➡ －5または♭5
- 増5度(aug5) ➡ ＋5または♯5

※この位置に何も書いてない場合は，完全5度(P5)ということです。

④根音〜第7音の距離

- 長7度(M7) ➡ M7
- 短7度(m7) ➡ 7

実際は，コードネームをみながら瞬時に演奏する技術や楽譜をみて伴奏部分をコードネームで置き換える分析能力が必要となります。そのためには，基礎的な音程を事前に学習しておくことがもとめられます。

ここでは，Cを根音としたさまざまなコードネームでの表記とその和音構成音を示します。

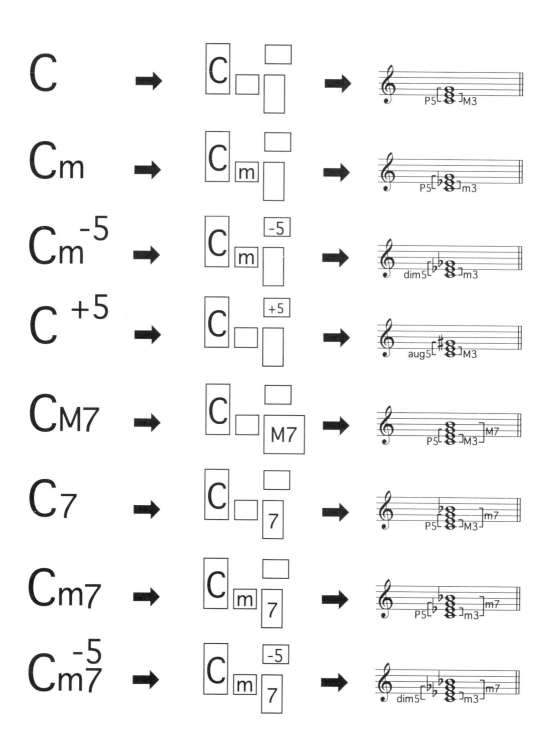

2) コードネームの読みかた

コードネームは，根音から時計の反対回りに英語で読みます。

```
m    ➡ マイナー
-5   ➡ マイナスファイブ
♭5   ➡ フラットファイブ
+5   ➡ プラスファイブ
♯5   ➡ シャープファイブ
7    ➡ セブン
M7   ➡ メジャーセブン
```

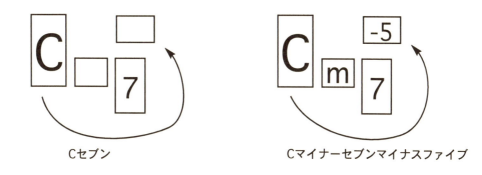

3) 分数コード

実際の伴奏は，演奏の都合や音楽的効果のために基本形だけではなく転回形（第1転回形，第2転回形および第3転回形）にすることがあります。そのときは，和音を構成している音のうち何の音が最低音に置かれているかをコードネームで示す必要があります。そのようなときには，分数で表わし，分子に「和音を構成する音」を，分母に「一番下にくる音」を書きます。

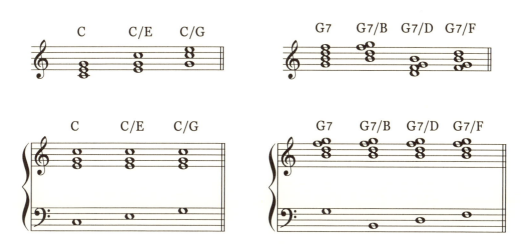

4. 音度記号

(1)音階と音度

音階を作り上げている音の音階内における相対的な高さを**音度**といい，その調の主音をⅠとして上に向かって順にⅡ，Ⅲ，・・・Ⅶと表します。3和音や7の和音は音階から作られますが，長調では**長音階**，短調では，**自然短音階**を用います。

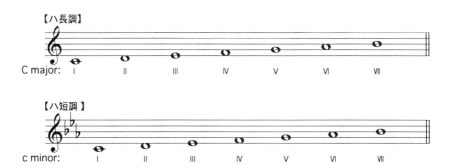

調が変わると，その調の主音がⅠとなります。つまり，調によってⅠとなる音は変化します。

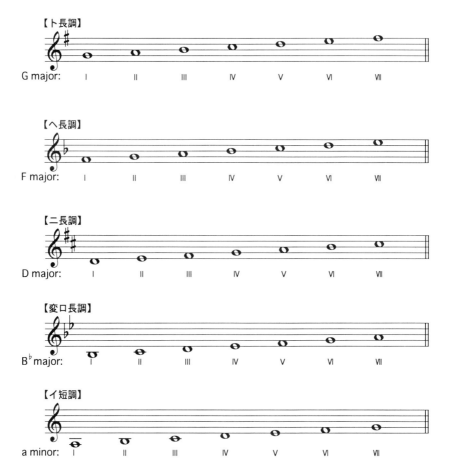

(2) 音度記号

音階のそれぞれの音を根音とし，その上に3度および5度音程（3度を2回積み重ねる）の音を置くと3和音が作られます。また，それぞれの3和音は音階（根音）の音度によってI度，II度，・・・VII度と呼ばれ，I，II，・・・VIIと記号で表されます。これを**音度記号**といいます。なお，短調のVは第3音を半音上げて導音にした状態で用いられるため，長調のVと短調のVの構成音は同じになります。

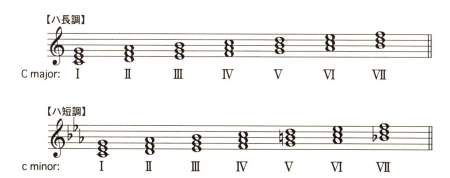

7の和音も3和音と同じように音階上の音を根音として作られます。7の和音は音階の音度によって，I度7，II度7，・・・VII度7と呼ばれ，I_7，II_7，・・・VII_7といった音度記号で表されます。ただし，V_7はV度7と呼ばずに，属音上の7の和音ということから**属7**と呼んでいます。短調のV_7も3和音と同じように，第3音を半音上げて導音にします。

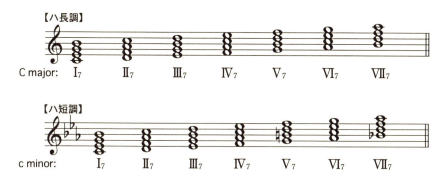

調が変わると，その調の主音がIとなるので，音度記号で表される和音の構成音も変わります。

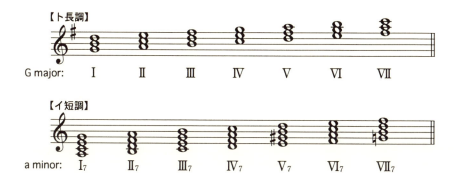

(3)音度記号の表記

基本形の音度記号は音階の音度によりI，IV，VまたはI₇，IV₇，V₇のようにそのまま書き表わします。転回形は転回の種類によって書き表わしかたが異なります。

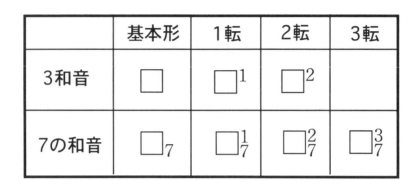

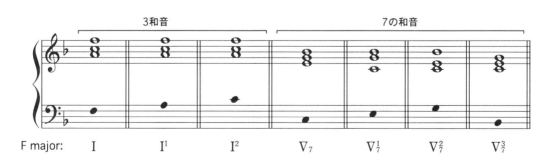

第2章　簡易伴奏

　幼児歌曲や童謡などを演奏するさい，自分のレベルに見合った伴奏で演奏することがあります。ピアノ演奏の技術が高い人は，楽譜を忠実に演奏することが可能でしょう。そうでない場合は，その曲の雰囲気を保ちながら編曲する必要があります。基本的には，原曲の伴奏部分を易しい楽譜へと書き直します。このことから，易しく直した伴奏のことを**簡易伴奏**と呼んでいます。

●パパとぼく（香山　美子　作詞／小森　昭宏　作曲）

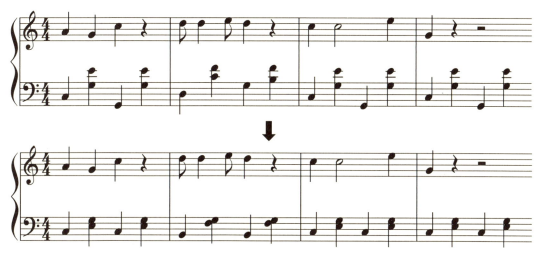

　簡易伴奏の多くは，右手でメロディーを左手で伴奏を弾きます。どのように弾いたら易しくなるのか，その方法を身につけることが簡易伴奏への近道でしょう。そのためには，基本的な和音連結のしかたや和音連結のルールおよび多くの伴奏形を知る必要があります。

1. 和音進行

　曲では，多くの和音が使われています。しかし，一つの流れをつくり出すためにある程度決まった和音連結およびフレーズや曲の終止を感じさせる和音連結などがあります。ここでは，最低限必要とされる和音連結をもとに簡易伴奏への手がかりを示していきます。

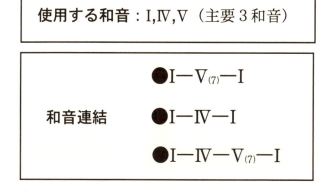

(1) I—Ⅴ—Iの和音進行

音階の1番目の3和音と5番目の3和音を使います。

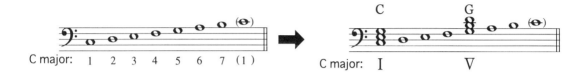

I—Ⅴ—Iの和音進行を基本形で並べると次のようになります。

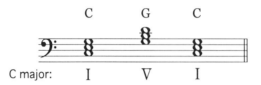

① I—Ⅴ

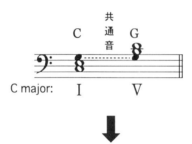

I（ドミソ）—Ⅴ（ソシレ）の共通音は「ソ」ですから，その共通音を同じ高さに置きます。

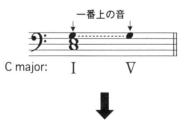

共通音の位置が決まりました。共通音は同じ指で弾きますのでそこから近い順に並べていきます。Ⅴは，転回形（第1転回形Ⅴ¹）になります。

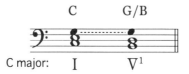

② Ⅴ—Ⅰ

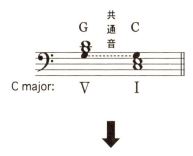

①のⅠ—Ⅴ¹で決まったⅤ¹の形からつづくⅠの形を作ります。Ⅴ（ソシレ）—Ⅰ（ドミソ）の共通音は「ソ」ですから，前の和音Ⅴ¹でおさえた指で同じ音を弾きます。

共通音の位置が決まりました。共通音は同じ指で弾きますのでそこから近い順に並べていきます。Ⅰは，基本形のままです。

③ Ⅰ—Ⅴ—Ⅰ

①と②をつなげると，次のようになります。

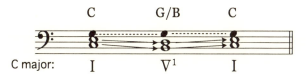

【Ⅰ―Ⅴ―Ⅰを使用している楽曲例】

● むすんでひらいて（文部省唱歌／J.J.ルソー　作曲）

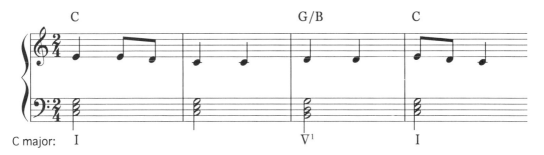

● こいのぼり（日本教育音楽協会）

● かたつむり（文部省唱歌）

● 山の音楽家（水田　詩仙　作詞／ドイツ曲）

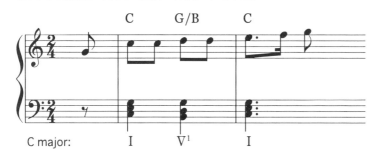

(2) I―V₇―Iの和音進行

音階の1番目の3和音と5番目の4和音（7の和音）を使います。

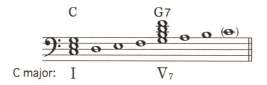

I―V₇―Iの和音進行を基本形で並べると次のようになります。

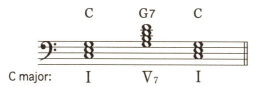

ポイント

V₇の場合，4和音なので音が4つあります。多くの場合，演奏のしやすさやメロディーとの関連により音を省略して3つの音で演奏します。

メロディーに何の音（V₇の第○音なのか）が含まれているかをよくみて，伴奏の和音と重ならないように省略する音を決めます。

① I―V_7

I(ドミソ)―V_7(ソシレファ)の共通音は「ソ」ですから，前の和音Iでおさえた指で同じ音を弾きます。V_7は省略する音によって，それぞれ第1転回形V_7^1，第2転回形V_7^2になります。

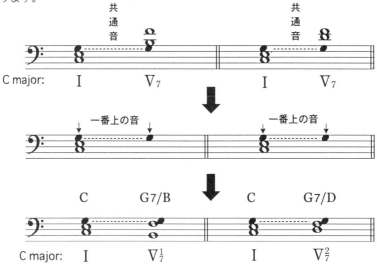

② V_7―I

V_7(ソシレファ)―I(ドミソ)の共通音は「ソ」ですから，前の和音V_7でおさえた指で同じ音を弾きます。

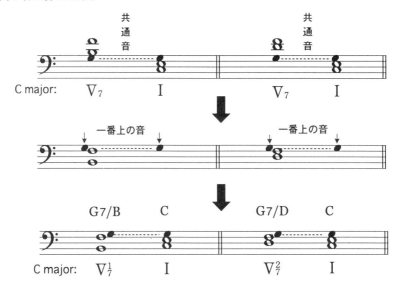

③ I―V_7―I

①と②をつなげると，次のようになります。

【I—V₇—Iを使用している楽曲例】

● 大きな栗の木の下で（平多　正於　作詞／外国曲）

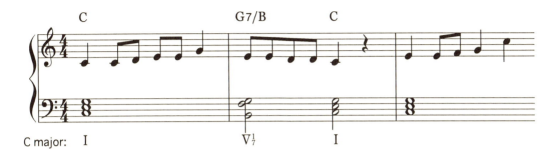

● とんぼのめがね（額賀　誠志　作詞／平井　康三郎　作曲）

● お正月（東　くめ　作詞／滝　廉太郎　作曲）

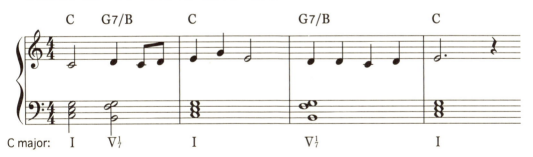

● バスごっこ（香山　美子　作詞／湯山　昭　作曲）

(3) I―IV―Iの和音進行

音階の1番目の3和音と4番目の3和音を使います。

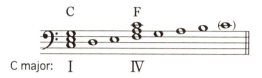

I―IV―Iの和音進行を基本形で並べると次のようになります。

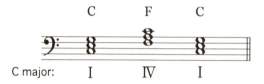

① I―IV

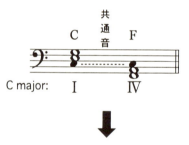

I（ドミソ）―IV（ファラド）の共通音は「ド」ですから，その共通音を同じ高さに置きます。

共通音の位置が決まりました。共通音は同じ指で弾きますので，そこから近い順に並べていきます。IVは，転回形（第2転回形IV^2）になります。

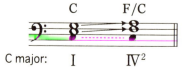

② Ⅳ―Ⅰ

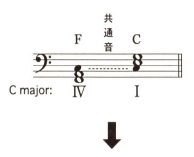

①のⅠ―Ⅳ²で決まったⅣ²の形からつづくⅠの形を作ります。Ⅳ（ファラド）―Ⅰ（ドミソ）の共通音は「ド」ですから，前の和音Ⅳ²でおさえた指で同じ音を弾きます。

共通音の位置が決まりました。共通音は同じ指で弾きますので，そこから近い順に並べていきます。Ⅰは，基本形のままです。

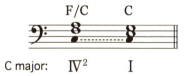

③ Ⅰ―Ⅳ―Ⅰ

①と②をつなげると，次のようになります。

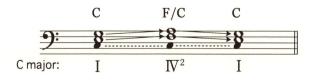

【I—IV—Iを使用している楽曲例】

●おべんとう（天野　蝶　作詞／一宮　道子　作曲）

●おはよう（増子　とし　作詞／本多　鉄麿　作曲）

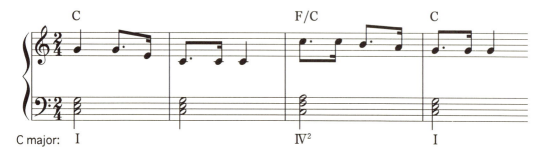

●おかえりのうた（天野　蝶　作詞／一宮　道子　作曲）

●思い出のアルバム（増子　とし　作詞／本多　鉄麿　作曲）

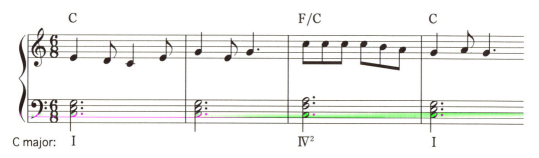

(4) I—IV—V—Iの和音進行

音階の1番目の3和音，4番目の3和音および5番目の3和音を使います。

I—IV—V—Iの和音進行を基本形で並べると次のようになります。

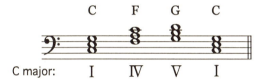

I—V—I, I—IV—Iの和音進行では，共通音を同じ高さに置き，形を決めました。I—IV—V—Iの和音進行でも，共通音があれば同じ高さに置きます。この進行の中で共通音をもつ連結はI—IV, V—Iです。

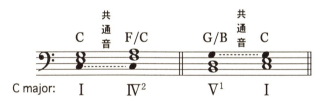

① IV—V

IとIV, VとIでは共通音がありましたが，IVとVには共通音がありません。

I—V—I，I—IV—Iと同じように，I—IV—V—Iでも最初のIと最後のIを同じ形にすることがよいでしょう。つまり，I—IV², V¹—Iとなるようにすると最初と最後のIが同じ形になります。

そのためには，IV—Vを和音進行でIVからVへとすべての音を下行させ，IV²—V¹となるようにします。

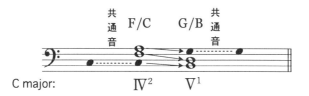

②I—IV—V—I

つまり，次のような形にすると弾きやすくなります。

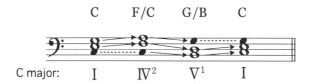

【I—IV—V—Iを使用している楽曲例】

●虫のこえ（文部省唱歌）

●うれしいひな祭り（山野　三郎　作詞／河村　光陽　作曲）

(5) I—IV—V₇—Iの和音進行

音階の1番目の3和音，4番目の3和音および5番目の4和音（7の和音）を使います。

I—IV—V₇—Iの和音進行を基本形で並べると次のようになります。

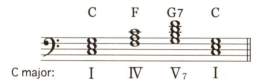

I—IV，V₇—Iの和音進行では，共通音を同じ高さに置き，形を決めました。

① IV—V₇

V₇は，メロディーに置かれている音によって省略する音がありますので，IV—V₇（第5音省略，第3音省略）の和音進行を基本形で並べると次のようになります。

I—IV—V₇—IでもI—IV—V—Iと同じように，最初のIと最後のIを同じ形にするとよいでしょう。また，IV—V₇では共通音がありますので共通音を同じ高さに置きます。

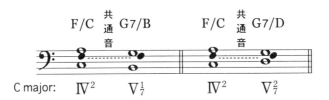

② I—IV—V₇—I

つまり，次のような形にすると弾きやすくなります。

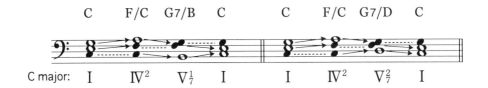

【I—IV—V₇—Iを使用している楽曲例】

● 夕やけこやけ（中村　雨紅　作詞／草川　信　作曲）

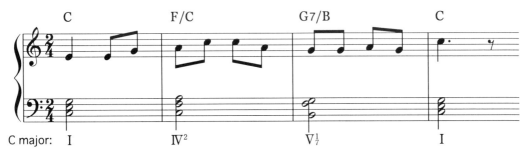

● ジングルベル（宮沢　章二　作詞／ピアポント　作曲）

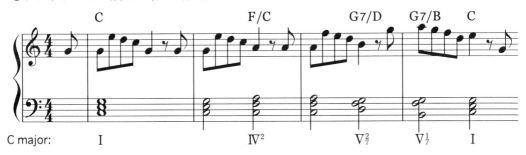

2.簡易伴奏に挑戦① 　〜最低限必要な音を弾いてみよう〜

●いぬのおまわりさん（佐藤　義美　作詞／大中　恩　作曲）

　ここでは、「いぬのおまわりさん」のメロディーを用いて、コードネームの一番左の英語の部分（根音）による簡易伴奏をおこないます。左手の伴奏部分は単音によるものですが、土台がしっかりとしているため原曲の雰囲気をほとんど損ないません。一旦弾きはじめたら、間違えたからといって演奏を止めたり、弾きなおしたりすることは避けなければなりません。自分のレベルに合わせて工夫すると良いでしょう。

ポイント

○コードネームの一番左の部分は音名をあらわしていますが、和音を作るときの土台（根音）になります。

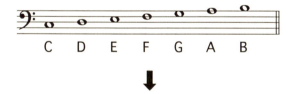

○使われているコードネームはCとG7なので、基本的に次の2つの音で伴奏します。

STEP 1　　コードネームの英語の部分を弾いてみよう

STEP 2　　　　拍に合わせて刻んでみよう

拍子に合わせて拍単位で刻んでみましょう。刻むことにより拍を感じることができるので，歌いやすくなります。

STEP 3　　　　音型を変えてみよう①

さまざまな音型を取り入れることにより，曲の雰囲気を変えることができます。曲の速度にもよりますが，ここでは拍点以外（裏拍）で刻んでみました。

STEP 4　　　　音型を変えてみよう②

同じ音型を繰り返すのではなく，異なる音型を混ぜ合わせて大きな一つの音型を作り出すこともできます。ここでは，STEP3で用いた音型に異なる音型を混ぜてみました。

STEP 5　　　音型を変えてみよう③

同じ音型を繰り返すことにより曲全体が単調になってしまうことがあります。より効果的な伴奏をするためには，異なる音型を適宜使うことも必要です。

STEP 6　　　オクターヴ（8度）で動かしてみよう

いままでは，同じ高さの音で伴奏を作りましたが，オクターヴの音を活用することにより，音域が広がるなど曲に厚みをもたせることができます。

STEP 7　　　音型を変えてみよう④

STEP 1～STEP 6までの音型を混ぜ合わせてみます。メロディーの音価が小さいところではメロディーが目立つよう伴奏の音価を大きくし，メロディーの音価が大きいところでは，伴奏に細かな音型を使うこともよいでしょう。

3.簡易伴奏に挑戦②　～和音をおさえてみよう～

●いぬのおまわりさん（佐藤　義美　作詞／大中　恩　作曲）

　和音を主体とした伴奏をおこなうさい，事前に書かれているコードネームから和音の構成音を書き出しておくと便利です。また，左手の3つの指を使って和音をおさえますので，よく出てくる和声進行は充分に練習しておくとよいでしょう。

ポイント

○ここで使われる和音は次の二つです。

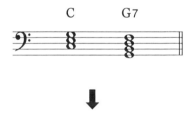

○7の和音（4和音）は，和音に含まれる音（とくに第3音と第7音）がメロディーにあると，左手でおさえるときその音を省略することがあります。

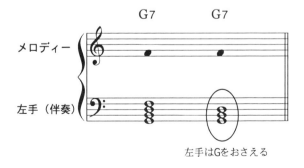

左手はGをおさえる

STEP 1   和音（基本形）をおさえてみよう

和音の原型（基本形）をそのままおさえてみましょう。このとき，メロディーに重なったりしないよう配慮します。また，あまり低い位置でおさえると和音そのものが濁ってしまい，あまりきれいな響きにならないことがあるので注意します。

STEP 2   拍に合わせて刻んでみよう

拍子に合わせて拍単位で刻んでみましょう。単音のときと同じように，刻むことにより拍を感じることができるので，歌いやすくなります。

STEP 3   和音を分けて弾いてみよう

和音を分けて弾くとき，「一番下の音」と「上二つ」に分けることがよくあります。同時に鳴る音の数が変わるため，軽快な曲調にするとき効果があります。

STEP 4　　　転回形を使ってみよう

転回形を使うことにより，和音の厚みを変えることができます。最低音に置かれる音も基本形と異なり，旋律的で滑らかな流れを作り出すこともできます。また，連結のさいに近い音へと進行するので演奏しやすくなります。

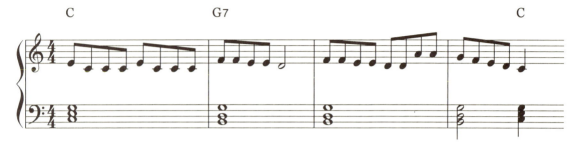

STEP 5　　　和音を分散してみよう①

和音を分散することにより，曲に勢いを感じさせることにもなります。音を細かくすることにより，速さを感じます。

STEP 6　　　和音を分散してみよう②

STEP 5の応用で，同じ和音が数小節にまたがっている場合，それぞれに異なる転回形を使うことで，単調なイメージを与えません。さらに，ベースラインも浮き出てきます。

第3章　伴奏アラカルト

簡易伴奏で演奏するときでも，歌う人のことを最大限に考えておかなければ伴奏の意味がありません。そのためには，歌いやすくするための手がかりなど伴奏で示す必要があります。

●パパはママがすき（モーテ　作曲）

この曲は，歌に入る前に前奏を弾いています。前奏は，曲の終わりのメロディーでなく，出だしのメロディーのイメージが伝わるよう曲の途中のメロディーを活用しています。後半からメロディーのイメージが変わりますので，伴奏形もメロディーの音型を追いかけるように変えています。また，フレーズの切れ目では，一旦終わるような配慮もしています。さらに，最後の終止の部分では，全体をしめくくるように音型をはっきりと変えています。このように，ただ弾くだけではなくさまざまな配慮の方法がありますので，その方法も覚えておくと良いでしょう。

1. 前奏をつくろう

多くの曲に歌に入る前に2～4小節程度ピアノだけが演奏する部分があり，これを前奏と呼んでいます。

●おかえりのうた（天野　蝶　作詞／一宮　道子　作曲）

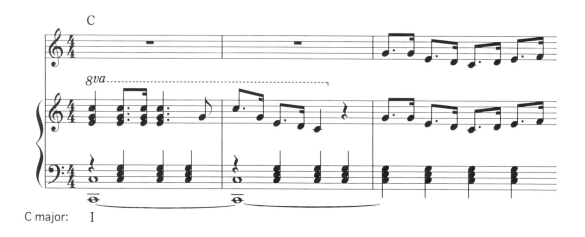

前奏は，歌に入る前の準備であったり，これから歌う曲の雰囲気を含んでいたり，とても重要な役割をもっています。前奏には，歌のメロディーをまねたものやメロディーとまったく関係ない独立したような形など，さまざまなパターンやスタイルがあります。とくに前奏が難しい場合は，自分が弾ける程度に直して簡易伴奏として演奏することもあります。

(1)原曲の前奏のメロディーラインをいかして伴奏を易しくする

前奏のメロディーラインとなりそうな部分をメロディだけ抜き出して，さらに伴奏部分を和音で刻むことができます。

(2)曲の終わりのメロディーを活用する

曲は，いくつかのフレーズ（多くは4小節単位）の組合せによって作られています。それぞれ和音進行は異なりますが，曲の最後のフレーズは全体をしめくくる和音進行によって作られていることが非常に多いので，その部分を前奏として活用することもできます。何番かの歌詞をもつ曲では，何度も繰り返すので，そのようなことからも曲の最後の部分を活用する意味があるのです。

次に示す譜例は「あめふりくまのこ」の原曲の前奏部分です。3連符なども含み，伴奏部分も多くの音型を含んでいるので，難しいと感じてしまう人も多くいると思います。

●あめふりくまのこ（鶴見　正夫　作詞／湯山　昭　作曲）

曲の最後の部分は次のようになっています。

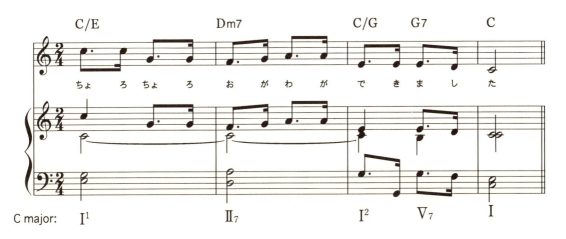

最後の4小節のメロディー部分をそのまま残し、伴奏を易しくしました。

 ポイント

○前奏と決めた箇所の伴奏部分をそのまま弾いてよいか？

↓

多くのフレーズをもつ曲では、フレーズごとにメロディーの音型を変えてある場合があります。それにともない、伴奏形も変化することがあるため曲の出だしと終わりの伴奏形はつねに一致しているとは限りません。全体を眺めて歌い出しやすい伴奏形、つまり出だしの伴奏形と似た形を用いると良いでしょう。

次の曲は、2つのフレーズ（4小節単位）で作られています。最初のフレーズと次のフレーズでは伴奏形が大きく異なっているのが特徴です。

●おかえりのうた（天野　蝶　作詞／一宮　道子　作曲）

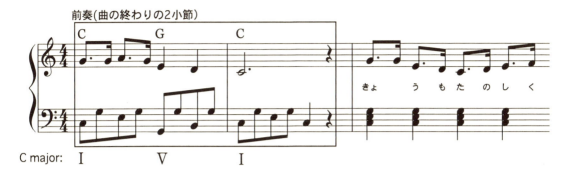

曲の最後の伴奏形が細かく分散しています。このままの伴奏形を用いると，歌に入ってからもこの伴奏形がつづいていくような感じがします。

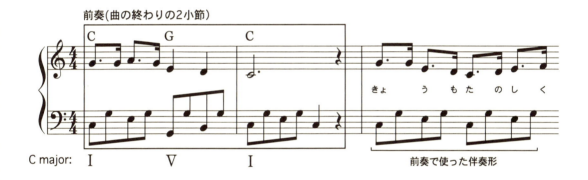

この曲の歌い出しは，拍単位で和音をしっかりと刻んでいるのが特徴です。前奏を拍単位で刻む伴奏形ではじめることにより，歌い出しの部分へとスムーズに入ることができ，違和感を与えません。

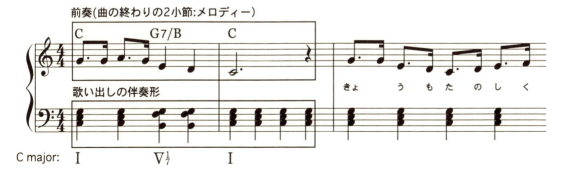

前奏は「これから，こんな感じの曲がはじまるよ」という印象づけの役割をもちます。歌い出しの伴奏部分をよくみて必要に応じて伴奏形を変えてみることも必要です。

(3)前奏の長さはどのくらい？

前奏の長さに決まりはありませんが，曲全体の長さや速さから考えるのが一般的です。また，前奏の役割を考えると，気持ちよく歌に入ることのできる長さが必要となります。2〜4小節程度あれば歌う準備ができるでしょう。

●かたつむり（文部省唱歌）

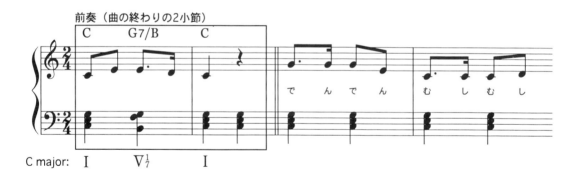

この曲の場合，2小節では歌に入るまでの間隔が短すぎて，歌う準備が整いません。2/4拍子の曲やテンポの速い曲では，2小節より4小節の前奏のほうが効果的です。

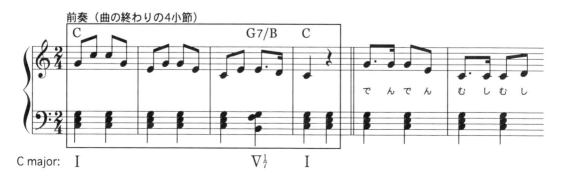

(4)アウフタクトで始まる曲の前奏

　アウフタクト(auf 上 takt 拍，独)とは，上拍を意味しています。拍点は，指揮でいうと手を下におろした点の部分にあたります。基本的には，拍点以外つまり指揮者の手が上にある状態から始まる曲のことをいいます。1拍目から始まる曲とそうでない曲の違いと考えましょう。

　○アウフタクトで始まる曲は，次のような曲です。

●大きな古時計（保富　庚午　作詞／ワーク　作曲）

C major:

●パパはママがすき（薩摩　忠　作詞／モーテ　作曲）

C major:

●山の音楽家（水田　詩仙　作詞／ドイツ　曲）

C major:

　1拍目から始まる曲は，1拍目の歌の出だしが入りやすいように心掛けますが，アウフタクトの曲は，小節を飛び出した部分から歌い出しますので，とくに注意して前奏づくりをします。

●パパはママがすき（薩摩　忠　作詞／モーテ　作曲）

2. 曲をしめくくろう　〜終わった感じを伝えよう〜

　歌詞が2番，3番と続く場合，伴奏で最初の部分へとつなぐことが多くあります。しかし，最初に戻らずに「ここで終わりです」ということを音で示すことも伴奏テクニックの一つでしょう。一つの方法としてIの和音（主和音）や主音を再度弾くことにより，終了の合図として示すことができます。

●多くの曲は，Iの和音（主和音）で終わっています。

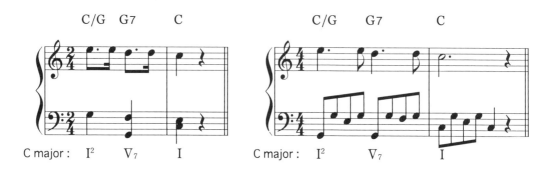

ポイント

○弾く曲の主調のIの和音（主和音）を書き出しましょう。

○実際に弾く音は，次のようになります。
　　【左手（伴奏部分）】　———　主音を弾きます。この音は，そのとき聴こえる最低音となり，非常に安定した響きをもたらせます。
　　【右手（メロディ部分）】　———　Iの和音（主和音）を最高音が主音となるよう近い音を並べて弾きます。

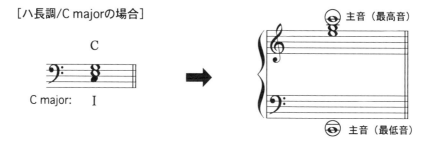

多くの曲は，4小節（ほとんどが偶数小節）でひとまとまりとするフレーズをいくつか組み合わせて作られています。曲をしめくくるときも，そのフレーズの中でおこなうことが望ましいでしょう。

●おはようのうた（高　すすむ　作詞／渡辺　茂　作曲）

この曲は，4小節のかたまりが3つ，つまり3つのフレーズで作られています。「しめくくり」を入れるときは，12小節目の中におさめることになります。

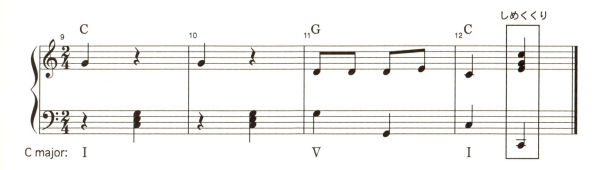

フレーズがしっかりしている曲で，フレーズからはみ出して「しめくくり」を入れようとすると，違和感をもってしまうことがあります。

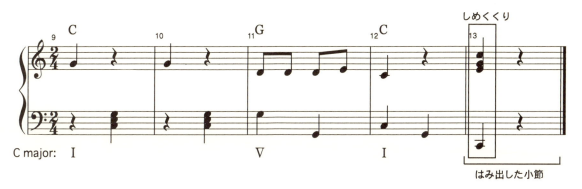

①2/4（4分の2拍子）の場合

●はをみがきましょう（則武　昭彦　作詞／作曲）

2/4拍子の曲の多くは，1拍目で終わっていることが多いので，その小節内の2拍目にIの和音の基本形でしめくくると終わった印象を強く与えることができます。

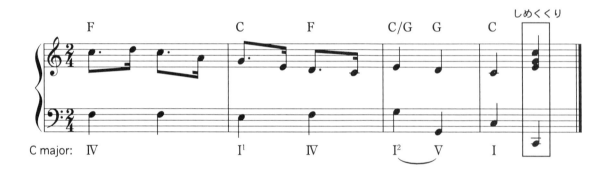

また，しめくくるときにIの和音の第5音（ドミソのソ）を使って修飾することもよくあります。このとき，曲のメロディーによく使われている音型を使うとより効果的です。

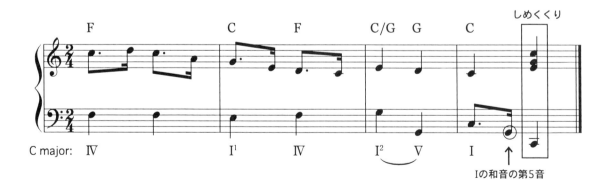

②4/4（4分の4拍子）の場合

●おかえりのうた（天野　蝶　作詞／一宮　道子　作曲）

　4/4拍子は，基本的に大きな2拍子と考えます。2/4拍子では，1拍目でメロディーが終わり2拍目でしめくくりました。4/4拍子は，大きな2拍目にあたる拍が3拍目になりますので，3拍目にIの和音の基本形でしめくくると良いでしょう。また，2拍目にIの和音の第5音で修飾すると，拍子感を与えることができます。

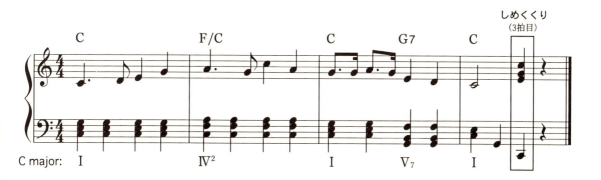

　また，4/4拍子の場合，本来3拍目でしめくくるわけですが，4拍目へと1拍ずらしてしめくくることもあります。3拍目の強い拍から弱い拍へ移動してしめくくるわけですから，3拍目ほど終止の緊張感は得られませんが，速度を遅くしていく場合などは，効果的です。

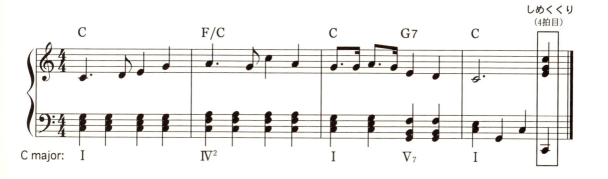

③6/8（8分の6拍子）の場合

●思い出のアルバム（増子　とし　作詞／本多　鉄麿　作曲）

6/8拍子は大きく2拍子（1,2,3で大きな1拍，4,5,6で大きな1拍）でとります。4/4拍子と同じような考え方で，大きな2拍目の頭，つまり4拍目にIの和音の基本形でしめくくるとよいでしょう。

④3/4（4分の3拍子）の場合

●さよなら（作詞不詳／ドイツ民謡）

3/4拍子は他の拍子とは異なり，強い拍が1拍目に1つしかありません。一般的に3拍目は，次の小節の1拍目を呼び込む拍であるため，3拍目にしめくくると違和感を感じます。2拍目であれば，そのような違和感もなくなり，しめくくりとしても問題はありません。

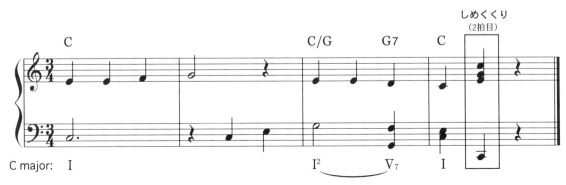

3. フレーズをつなごう　〜ちょっとシャレたテクニック〜

曲はいくつかのフレーズの組合せにより作られています。前のフレーズから次のフレーズへと移るとき，伴奏を変化させる場合があります。メロディーの性格が変わればそれに合わせるかのように自然と伴奏形も変わるということです。つなぎは，ほとんどの場合，1小節で行なわなければなりません。その中で，次の歌に入りやすいようにすること，あるいは次のフレーズで変える伴奏形を予告することなども必要な要素となってきます。

(1) 2番へとつなげよう

曲を終わりにしたいときは「しめくくり」を入れて終了の合図をしました。曲を何回か繰り返す場合，つまり，歌詞が何番かまであるという場合は，繰り返す合図を示したいものです。

●すてきなパパ（前田　恵子　作詞／作曲）

1) 前のフレーズと次のフレーズの伴奏形が同じ場合

①つなぎを入れない

つなぎを入れないと1番と2番の間が一瞬（4分音符分）切れてしまい，空白ができたような気がします。

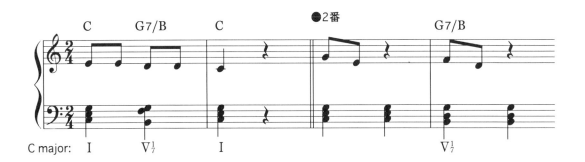

②そのまま刻む

前のフレーズと次のフレーズの伴奏形が同じ場合は，同じ形でつないでいくと，つなぎの効果をもちます。ここでは，前後のフレーズが拍単位で刻んでいますので，そのまま刻むことによりつながることになります。また，違う伴奏形でも同じことがいえます。

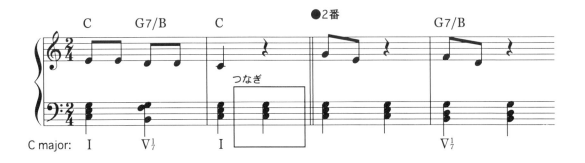

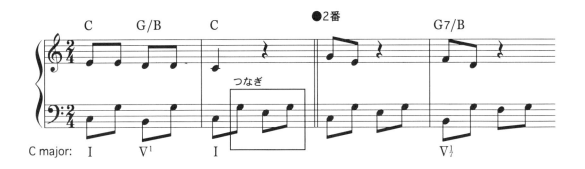

2) 前のフレーズと次のフレーズの伴奏形が異なる場合

①つなぎを入れない

つなぎを入れないと1番と2番の間が一瞬（4分音符分）切れてしまい，空白ができたような気がします。

②次の伴奏形を先取りする

次のフレーズで使われる伴奏形をつなぎとして前のフレーズで先取りすることにより，歌う人への予告にもなり次の雰囲気を伝えることにもなります。

③次の伴奏形で出てくる音符をいくつか並べる

次のフレーズで多く使われる音符をいくつか並べてつなぎとします。この場合，次の伴奏形で8分音符がいくつか使われていますので，8分音符を主体としたつなぎを行ないました。

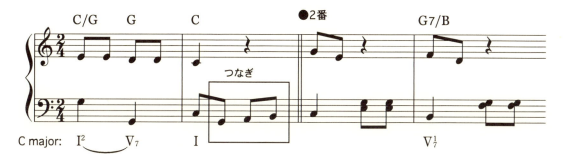

(2)フレーズ間をつなごう

基本的にフレーズ間をつなぐ場合も，2番へとつなぐ場合と同じように考えます。ただし，2番へとつなぐ場合は，I—Iという和音進行でつなぐことでした。曲中のフレーズの終わりは，Iのときもあれば V のときもあります。また，それに続く次のフレーズの開始の和音も異なってきます。

1) V—I へとつなぐ場合

また，次のフレーズで使われている音型を用いて，次の伴奏形を呼び出したりします。

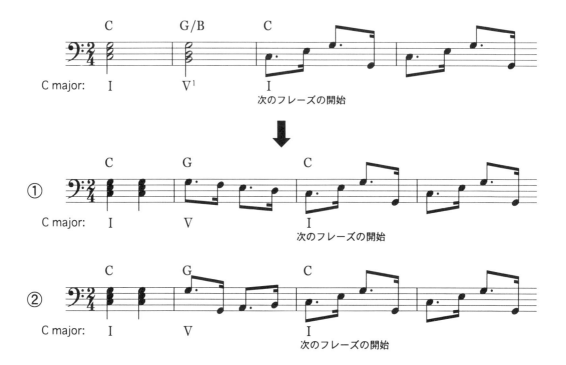

それでは，実際の曲から見てみましょう。

● **すてきなパパ**（前田　恵子　作詞／作曲）

① 拍単位で刻んでみる

② 次のフレーズの伴奏形を変えてみる

③ 次のフレーズを呼び出すようにつなぎを入れる

2) I—IV へとつなぐ場合

V—I（半終止から次のフレーズへと移行）と同じように，I—IV（全終止から次のフレーズへと移行）もフレーズ間を結ぶ和音進行として多く用いられます。

簡易伴奏のさい，IVの多くはIV^2（第2転回形）を用いています。

また，次のフレーズで使われている音型を用いて，次の伴奏形を呼び出したりします。

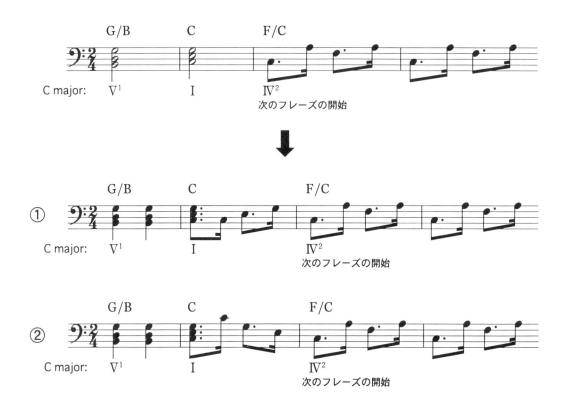

Ⅳの配置をⅣ²（第２転回形）からⅣ（基本形）にする場合，開始音が変わりますので，つなぎの形も変える必要があります。

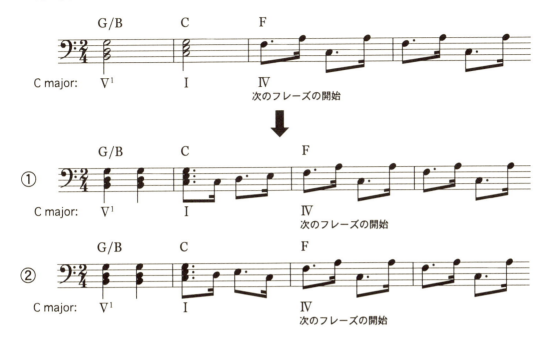

(3) つなぎのポイント

フレーズが変わるからといって，ただつなげば良いというわけではありません。伴奏につなぎを入れることによって，メロディーと重なってしまい，かえって効果をなくしてしまうことがありますので，つなぎを入れようとする場所のメロディーの動きをよく見ておくことも必要です。

○メロディーが延びていたり休符のときにつなぎを入れることで，歌う人にとって拍や拍子感を感じさせる意味でも効果があります。

● とんぼのめがね（額賀　誠志　作詞／平井　康三郎　作曲）

○メロディーが動いているときに，つなぎを入れることにより，かえってメロディーラインを隠してしまったり，歌いづらくしてしまうことがあります。そのような場合には，フレーズの切れ目だからといって無理してつなぎを入れずに，伴奏部分を休符にしておくことも良いでしょう。

●**すてきなパパ**（前田　恵子　作詞／作曲）

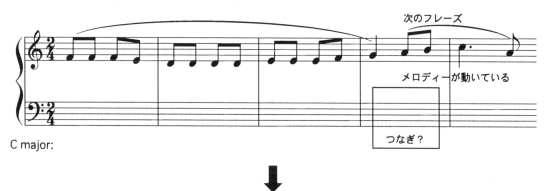

つなぎを入れるとメロディーと重なってしまい，メロディーが目立たなくなってしまいます。

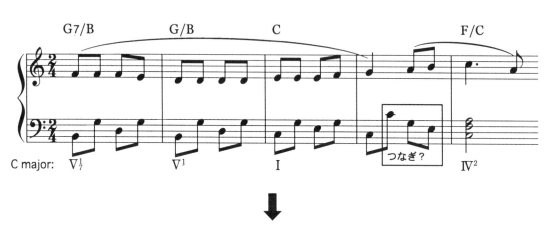

伴奏部分に休符を入れると，メロディーラインが目立ってきます。

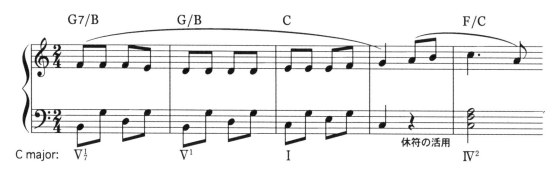

4. 終止形　～形を変えて終止感を高めよう～

(1)終止形ってなあに？

　曲を終えるときは，和音進行そのもので終わった感じを示すこともできます。そのためには，この先まだ続くような印象を与える配置（形）ではなく，どっしりとした形で和音進行させることが必要となります。易しい伴奏では，ほとんど形を動かさずに近い音へと進行することを基本としていますが，終止形も一つのスタイル（終止定型）として覚えておくとよいでしょう。

　和音のみの伴奏，その和音の形を少し変化させたもの，そして終止形を取り入れた譜例です。曲の終わりの部分を比べてみましょう。

●あめふりくまのこ（鶴見　正夫　作詞／湯山　昭　作曲）

①和音のみの伴奏

②和音の形を変化させた伴奏

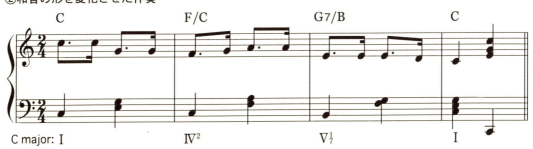

③終止形を取り入れた伴奏

●大きな古時計（保富　康午　作詞／ワーク　作曲）

①和音のみの伴奏

②和音の形を変化させた伴奏

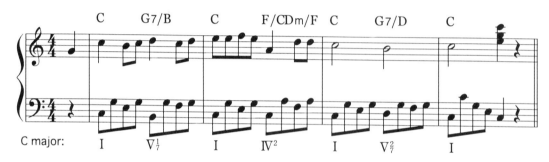

③終止形を取り入れた伴奏

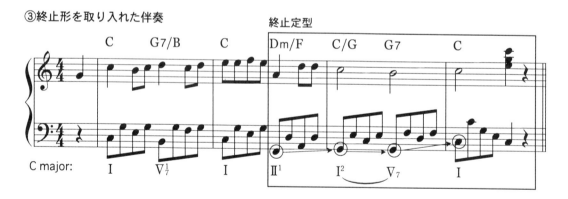

(2) さまざまな終止形

終止形を効果的に使うには，目的がはっきりとしていることが必要です。また，終止形にもいくつか種類があり，それぞれ使う場所が異なります。その終止形の和音進行や響きを確実に覚えることが，より豊かな伴奏づけとなることはいうまでもありません。いままでにおこなった基本的な和音進行と同じように，終止形も定型として覚えましょう。

1) 全終止

$V_{(7)}$—Iで終止します。それぞれが基本形でメロディーは原則として主音で終わります。また，$V_{(7)}$の部分を$I^2 V_{(7)}$と分ける進行も多く使われます。全終止では，多くの場合$IV^{(1)}$や$II^{(1)}$から連結されてきますので定型として覚えおくことを勧めます。

① V_7—I

② V—I

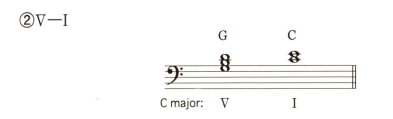

③ IV—V_7—I

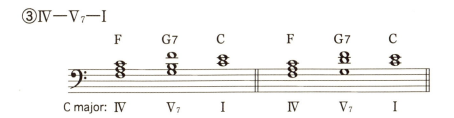

④ II^1—V_7—I

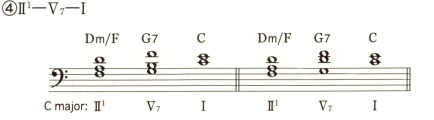

⑤ $IV - I^2 V_7 - I$

⑥ $II^1 - I^2 V_7 - I$

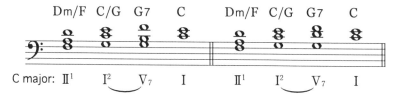

全終止は強い終止感をもちますので，フレーズがはっきりと切れるところなどに限って使うことが望ましいです。

○さまざまな伴奏例

2）半終止

Ⅴ（基本形）で終止します。多くは，曲の途中のフレーズの切れ目にあり，メロディーの息つぎにもなります。簡易伴奏では，前の和音からできる限り近い音へと配置していくため，終止せずに転回形（Ⅴ¹，Ⅴ²，Ⅴ⅓，Ⅴ²₇など）で伴奏することがほとんどですが，フレーズの終結を感じとらるためには転回形ではなく基本形を用いて，半終止にすると効果がでます。

半終止の左手の配置は，Ⅴのすべての音を置かないで，2つの音あるいは根音1音（単音）の場合が多くみられます。

○さまざまな伴奏例

3）変終止

Ⅳ（Ⅳ¹，Ⅳ²）―Ⅰで終止します。全終止と同じようにフレーズの最後に置かれ終結感を与えますが，全終止に比べ，柔らかく優しいイメージを感じさせます。変終止も全終止と同じように基本形の配置が好ましいのですが，左手で伴奏する都合上，演奏しやすさを考慮すると転回形で配置したほうが良い場合が多くあります。この場合，前の和音配置にもよりますが，Ⅳ²―Ⅰの和音進行とするのが良いでしょう。

変終止は，賛美歌の最後に出てくる「アーメン」という歌詞の部分につけられる和音進行です。そこから，変終止のことを「アーメン終止」と呼ぶこともあります。

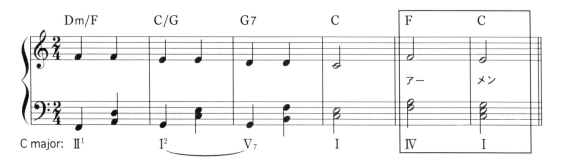

4）偽終止

本来，全終止Ⅴ₍₇₎―Ⅰが可能な箇所で，完全な終結感を与えたくない場合や，先へと続く印象を与えたい場合にⅠをⅥに置き換えてⅤ₍₇₎―Ⅵにして終止します。このときの終止を偽終止といいます。この進行は，基本形で用いられますが，全終止とほぼ同じ配置になるのでよく弾いて響きの違いを比べると良いでしょう。

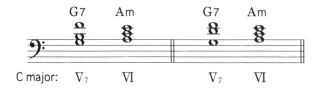

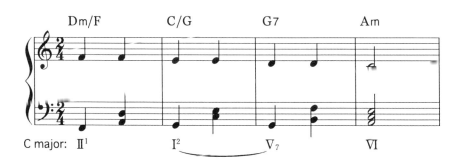

第4章　さまざまな伴奏形

1. 伴奏の目的

　ピアノが苦手だからといって，明らかに曲のイメージを壊してしまうような速度で弾いてしまっては，伴奏の意味がなくなってしまいます。また，簡易伴奏は，そういった曲のイメージを損なわないよう，自分が弾ける伴奏形で行なうものであると考えます。とくに速度，拍子，メロディーの動きとの関係あるいは歌詞の内容などに充分に配慮する必要があります。

●アイスクリームの歌（佐藤　義美　作詞／服部　公一　作曲）

①

　この曲はとても軽快なメロディーで作られていますが，この伴奏形では，メロディーの軽快さが失われ，重々しい曲になってしまい，曲の良さを台無しにしてしまいます。

②

　拍点のみで和音を刻むことにより，軽快さが感じられるようになります。

③

　伴奏の音を少なくし，1，3拍目と2，4拍目のコントラストを明確にすることにより，さらに軽快さが増します。

2. 2成系拍子と3成系拍子の音型

(1) 2成系拍子の音型

2成系拍子とは，1拍が2等分される拍子で，単位となる1拍は単純音符となります。

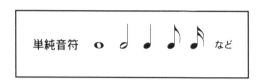

2成系拍子には，2拍子，3拍子，4拍子などがあり，伴奏形を作るさいには，1拍の単位となる単純音符を分割して考えます。

さらに，和音の構成音も分割します。

(2) 3成系拍子の音型

3成系拍子とは，大きな1拍が3等分される拍子で，単位となる1拍は付点音符となります。

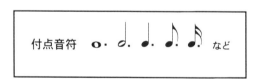

3成系拍子には，6拍子，9拍子，12拍子などがありますが，実際には，それぞれ2拍子，3拍子，4拍子と捉えます。伴奏形を作るさいには，大きな1拍の単位となる付点音符を分割して考えます。

さらに，和音の構成音も分割します。

3. 拍子別伴奏形

(1) 2/4拍子の伴奏形

1) 伴奏の考えかた

　　2/4拍子は，4分音符1つを1拍とする2拍子です。また，2成系拍子であるため，それぞれ1拍は8分音符2つに分けられます。

2) さまざまな伴奏形

①和音を拍に合わせて刻む

②和音の一部を省略して，拍に合わせて刻む

③和音の分割

(2) 3/4拍子の伴奏形

1) 伴奏の考えかた

　3/4拍子は，4分音符1つを1拍とする3拍子です。また，2成系拍子であるため，それぞれ1拍は8分音符2つに分けられます。

2) さまざまな伴奏形

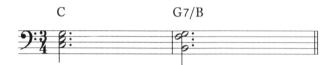

①和音を拍に合わせて刻む

②和音の一部を省略して，拍に合わせて刻む

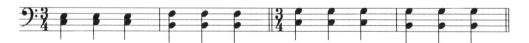

③和音の分割

(3) 4/4拍子の伴奏形

1) 伴奏の考えかた

4/4拍子は，4分音符1つを1拍とする4拍子です。また，2成系拍子であるため，それぞれ1拍は8分音符2つに分けられます。

2) さまざまな伴奏形

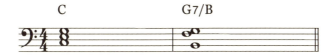

①和音を拍に合わせて刻む

②和音の一部を省略して，拍に合わせて刻む

③和音の分割

(4) 6/8拍子の伴奏形

1) 伴奏の考えかた

　　6/8拍子は，3成系拍子であるため，8分音符3つ分を大きな1拍とした2拍子として捉えます。つまり，2拍子と感じることのできる伴奏形が必要となります。

2) さまざまな伴奏形

①和音を拍に合わせて刻む

②和音の一部を省略して，拍に合わせて刻む

③和音の分割

(5) さまざまな3成系拍子の伴奏形

　3拍分を大きな1拍とする3成系拍子のうち，よく使われる拍子として6/8拍子の他に9/8拍子や12/8拍子があります。

1) 9/8拍子の伴奏形

　1小節が9つの8分音符から成っていますが，8分音符3つを大きな1拍とし，3拍子と捉えます。つまり，3拍子と感じられる伴奏形を作成する必要があります。

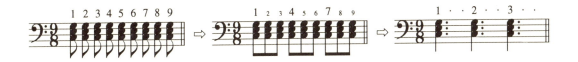

【伴奏例】

2) 12/8拍子の伴奏形

　1小節が12個の8分音符から成っていますが，8分音符3つを大きな1拍とし，4拍子と捉えます。つまり，4拍子と感じられる伴奏形を作成する必要があります。

【伴奏例】

(6)混合拍子の伴奏形

　混合拍子は，それぞれ1拍の長さが均等でなく，2成系と3成系が入り交じった拍子で，5拍子や7拍子などがあります。

1）5拍子の伴奏形

　5拍子は，(2+3)あるいは(3+2)のように**2拍子**と捉えるのが一般的です。しかし，速度の遅い曲では，2拍子ではなく，5拍子と捉える場合もあります。

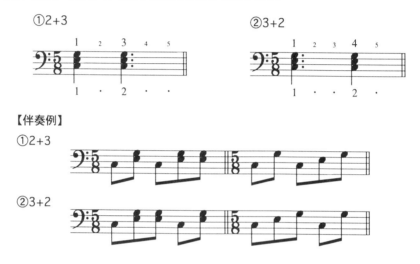

2）7拍子の伴奏形

　7拍子は，(2+2+3)，(2+3+2)あるいは(3+2+2)のように**3拍子**と捉えるのが一般的です。また，速度の遅い曲でも，3拍子と捉えます。

―― サーベル社刊／楽書・書籍／好評発売中 ――

● 学生のための 和声の要点 ―――――――――――― 伊藤謙一郎／柳田憲一 著
　　定価[本体1,500円+税]　ISBN978-4-88371-307-3　JAN:4532679103073　注文番号50462
　　和声の学習での、さまざまに決められた規則に従いながら、与えられた課題（旋律）から美しい響き（ハーモニー）を紡ぎ出すことは簡単ではない。短期間に効率よく和声を勉強したい人を想定して、平易でわかりやすい表現がされている。和声を学ぶ上でのポイント内容のみをとりあげているので、和声理論書の副読本としても使える。

● 学生のための 和声の要点／模範実施集 ―――――― 伊藤謙一郎／柳田憲一 著
　　定価[本体1,800円+税]　ISBN978-4-88371-332-5　JAN:4532679103325　注文番号50502
　　「学生のための和声の要点」で解説している内容に沿った課題の実施集。

● 学生のための 和声の要点・第2巻 ――――――――― 伊藤謙一郎／柳田憲一 著
　　定価[本体1,500円+税]　ISBN978-4-88371-518-3　JAN:4532679105183　注文番号50622
　　本書は前のテキスト「和声の要点」の単なる続編ではなく、音楽の多彩な世界を知るための橋渡しとして、和声学習における本質的な部分に焦点を当てたものになっています。前半では、ハーモニーの流れに彩りを添える和音に触れ、後半ではハーモニーに劇的な変化を与える「転調」を扱っています。これまで以上に多くの課題を用意しましたので、初学者でも無理なく学習を進められるようになっています。

● 学生のための 和声の要点・第2巻／模範実施集 ――― 伊藤謙一郎／柳田憲一 著
　　定価[本体1,800円+税]　ISBN978-4-88371-524-6　JAN:4532679105244　注文番号50632
　　「学生のための和声の要点・第2巻」で解説している内容に沿った課題の実施集。

● 学生のための 2声聴音《和声分析つき》 ――――――――――――― 柳田憲一 著
　　定価[本体1,500円+税]　ISBN978-4-88371-463-6　JAN:4532679104636　注文番号22521
　　音楽を理解することや演奏、表現活動に結びつけるには、聴音を書き取ったあとの教育的手法に委ねられると考えます。つまり、聴音課題は書き取らせるだけのものでなく、音楽を知るための教材の一つであり、実施後の有効な活用にあると考えます。
　　本書の課題は、さまざまな音楽的要素を用い、教育的配慮をともなって作成されています。「聴音のための聴音」で終わらないよう各課題に和声分析を実施しました。ぜひ、課題の構造にふれてみてください。音楽のしくみがわかると、演奏、表現活動に結びつけるためのきっかけがみえてくることでしょう。和声分析のための基礎知識解説付。

● 学生のための 3声聴音《和声分析つき》 ――――――――――――― 柳田憲一 著
　　定価[本体1,600円+税]　ISBN978-4-88371-550-3　JAN:4532679105503　注文番号22911
　　2声聴音と同様に、聴音課題は書き取らせるだけのものでなく、音楽を知るための教材の一つであり、実施後の有効な活用にあると考えます。課題は、さまざまな音楽的要素を用い教育的配慮をともなって作成されます。本書はさまざまな学習レヴェルに対応できる「3声部による聴音課題集」です。また、「聴音のための聴音」で終わらないよう各課題に和声分析を実施しました。ぜひ、課題の構造にふれてみてください。音楽のしくみがわかると、演奏、表現活動に結びつけるためのきっかけがみえてくることでしょう。

● 学生のための 35のソルフェージュ《ピアノ伴奏付》 ―――――――― 柳田憲一 著
　　定価[本体1,000円+税]　ISBN4-88371-364-4　JAN:4532679103646　注文番号22081

● 学生のための 50のソルフェージュ《ピアノ伴奏付》 ―――――――― 柳田憲一 著
　　定価[本体1,200円+税]　ISBN4-88371-412-8　JAN:4532679104124　注文番号22271
　　ソルフェージュ学習の初期段階では伴奏を聴きながら歌うことは、和声的感覚の体得とともに音楽的な感動が得られ、そのことが表現への理解を深めることへの近道だと考えます。本書ではメロディーと一体化する「魅力的な和声づけ」が施され、多くの響きを体得できるよう機能和声を逸脱した響きも使用し、単に課題としてだけでなく、音楽作品としても完成度の高いものとなっています。

柳田　憲一（やなぎだ　けんいち）

国立音楽大学作曲学科卒業。同大学大学院作曲（音楽理論）専攻修了。
作曲を増田宏三，成田勝行，理論を島岡譲，鵜崎庚一，山口博史，小河原美子，M.ビッチュの各氏に師事。
現在，東京女子体育大学准教授，東京工科大学メディア学部，茨城県立取手松陽高校音楽科非常勤講師。
日本音楽教育学会，日本音楽学会会員。

〔著書〕

『学生のための3声聴音（和声分析つき）』（サーベル社）
『学生のための和声の要点　第2巻』（サーベル社）［共著］
『学生のための和声の要点　第2巻（模範実施集）』（サーベル社）［共著］
『学生のための2声聴音（和声分析つき）』（サーベル社）
『学生のための50のソルフェージュ（ピアノ伴奏つき）』（サーベル社）
『学生のための35のソルフェージュ（ピアノ伴奏つき）』（サーベル社）
『学生のための和声の要点』（サーベル社）［共著］
『学生のための和声の要点（模範実施集）』（サーベル社）［共著］
『ピアノ伴奏つき新曲視唱86』（オンキョウパブリッシュ）
『ソルフェージュのための聴音1』（オブラパブリケーション）［共著］
『ソルフェージュのための聴音2』（オブラパブリケーション）［共著］
『新版 和音伴奏による幼児のうた100曲』（全音楽譜出版社）［共著］
『幼児の四季とみんなの歌』（全音楽譜出版社）［共編］
『楽しくハーモニー』（全音楽譜出版社）［共著］
『ピアノ教本ムジカ』（全音楽譜出版社）［共著］
『Music player's A to Z』（音楽之友社）［共著］
『Music player's A to Z　vol.2』（音楽之友社）［共著］

著　者	柳田憲一
表　紙	竹田幸子
発行者	鈴木廣史
発行所	株式会社サーベル社
発行日	2013年4月5日
定　価	［本体1,400円＋税］

改訂新版
学生のための**ピアノ簡易伴奏の要点**
［幼稚園・保育園等、現場でも使える］

〒130-0025　東京都墨田区千歳2-9-13
TEL：03-3846-1051　FAX：03-3846-1391
http://www.saber-inc.co.jp/

JASRACの承認に依り許諾証紙貼付免除
JASRAC 出 0604091-303

この著作物を権利者に無断で複写複製することは、著作権法で禁じられています。
万一、落丁・乱丁の場合は送料小社負担でお取替えいたします。

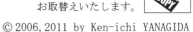

ISBN978-4-88371-575-6 C0073 ¥1400E

© 2006, 2011 by Ken-ichi YANAGIDA